이희란 시집

도서출판 다인아트

시인의 말

바다 눈물이 남긴 한 방울 섬에서
시원찮은 나무에게
바람과 물을 번갈아 주면서
얼른 자라기를 재촉했지만
이제사 그 해송
두 번째 가지 손 내밉니다.
영면하신 아버님께
이 시집을 바칩니다.

2부 아름다운 집

3부 물의 들숨

4부 봄비 그치면

5부 내려가고 있는 돌

시평

1부

그리운 바다

영취산

진달래
진달래
진달래가 세상에!
진물 나도록 봄을 문질러 놓고
발그레 상기 된 얼굴로
온 산을 휘젓고 다니다가
남서풍이 불어오면
필경은 미칠 것이다
아니, 기절 할 지도 모르지
실컷 우려먹다가
퉤 퉤! 내 밷어도
꽃이 라니 -

이쁜 짓의 자기복제 번성함이란
어떤 잘못도 용서 받을 수 있도록
끝까지 따라서 웃어주는 것

초목도 사람도 짐승도
꽃으로 덮쳐 버리는
영취산에
초봄에는 절대로 가지 마라.

그리운 바다

밀물처럼
아무래도
다시 와야 할 것 같습니다
가장 낮은 곳에 머무르며
발목을 잡고 우는 물결들
세월이 나를
어디로 데려가 주길 바라겠습니까!

썰물처럼
제 자리로 돌아가겠습니다.
흔적 없이 사라지는 물거품일 지라도
밀치면 다시 찾아와서
긴 혀로 상처를 핥는 집착을 보고 말았으니

해변에서는 햇살 아래로 쏟아지는
수 만개의 눈물들이 글썽이다가
먼 바다로 떠나고 있을 겁니다.

사해에서

눈에 보이는 것은 허망했고
보이지 않는 것을 불신했던 7박 8일.
소리만 있고 심금을 울리지 않는 음악만 가득 찰 때
피리 부는 사나이를 따라 다녔습니다

마술 피리 소리가 들리는 곳으로
이리저리 줄지어 들어갑니다.
졸린 바다가 오수의 하품을 한 곳
생명이 죽은 곳에 또 다른 생명의 싹이 트고
불안의 물갈퀴 바삐 구르는 곳으로
죽어야할 곳으로 따라 가다가 사라지던
그 많던 쥐들의 행렬……

죽어야 할 아무런 죄가 없다고
속을 뒤집어 봐도 더 찾을 수 없다고 자부할 때
증거를 들어 내듯
사해는 껍데기들을 둥둥 물 위에 띄워 놓습니다.

베드로 회상
- 갈릴리 바다

가진 것 없는 빈 몸으로 돌아 왔습니다
그날
빛난 동경을 바라지 않았더라면
아예 꿈꾸지 않았더라면
<오늘 밤에 너희가 다 나를 버리리라>
심장에 못질하는 말씀이 없었더라면
천국영생을 보여줄 것 갈던 그가
거짓말 같이 십자가에 매달려서
우 – 우 – 떠나지 않았더라면
눈에 보이는 것들
그 중 큰 것을 탐하지 않았더라면
희망이 절망으로 둔갑하지 않았더라면

갈릴리 바다로 ------
<나는 물고기 잡으러 가노라>

그 밤 헛손질만하고 아무것도 잡지 못하였더니
날이 새어 가매
홀연히 들리는 말씀

<그물을 배 오른편에 던지라>

사람들 보다 나를 사랑하느냐

<던지라>

네가 나를 사랑하느냐

<던지라>

네가 나를 사랑하느냐

주께서 아시나이다.

주께서 아시나이다.

심히 근심하며

주여! 모든 것을 아시오매……

※인용 요한복음 21:5~6

황태덕장

이제부터 그는 나를 것이다
고통의 정점에서
혼절할 무렵
무변세계 저편에서 기다리고 있을
영원한 자유와 놀기 위해
버르르 승천하러 가는 길

불멸을 숙명처럼 지고 사는 바람이
황태의 몸을 두 손으로 문지를 때 마다
귀 시린 겨울 산 메아리로
수백 번 자지러지는
비명이
용대리 하늘을 쩡쩡 울리며 떠돌고 있었다

백담사의 시비(是非)

생각의 뿌리가 무성해지면
산에 올라가자
그 산에 올라가서
흐르는 계곡에 이끼 낀 마음을
아흔 아홉 번쯤 씻어 내자

누가 옳고
누가 그른지
아무도 진실을 말하려 들지 않고
잡다한 시시비비(時時悱悱) 얼씬도 못하게
첩첩으로 병풍 두른 산중 부처는 말이 없는데
전두환 신발이 놓인 토방
흔적만 남은 방안을 기웃거린 내방객들 소음 속에서
산중 고행은 진즉 물 건너갔다

다시! 울어야 할 때가 되지 않았는가?

임은 침묵하고 -------------- !

풍경이
여리고 길게 울음 운다.

만석동네

유지매미는
새벽 여섯시가 되자
일제히 울음을 터뜨렸다
때가 되기를 기다렸다는 듯이
쏟아 붓는 정수리의 폭포처럼
하루의 열림이
함성으로 시작되는 동네

밤새 하늘을 뒤 덮었던
제분공장의 가루분과
방직공장의 낮은 소음
곡물 덤프트럭이 올 때 마다
살찐 참새 떼들의 조잘거림
대기오염으로 칙칙해진 머리카락을
연신 매만지면서 바람이 불때마다
까르르 웃는 넝쿨장미의 행렬이 있는 곳

한 뼘 땅도 그냥두기 아까워서
고무, 양은그릇, 이 빠진 사기그릇을 댓돌 옆에 두고
맨드라미, 채송화, 고추, 한그루 푸새 것들을
윤기 나게 키워내는 할머니

잠시라도 빈 손 놓고는 못 살 것 같다면서
굴 딱지, 마늘, 바지락을 손이 부르트도록
까고 있는 아낙네들

이 도시에서는 혼자 벌어서
입에 풀칠도 못할 거라며
신 새벽 만석부둣가로 바삐 걸어가는 사람들
가난한 살림살이
사내는 해장술로 하루를 시작하고
그의 처는 빈 박스 주워오는 발걸음이 분주하다

은행나무 열매가 노랗게 영글 때면
코밑이 검슬검슬한 아들과
짧은 해 다하도록 근심걱정 더불어
자루 가득 은행 따다놓고,
안마당 같은 길 위에서
삽상한 저녁 바람 맞으며
소주잔 주거니 받거니 도란도란…
밤이 맞도록 이웃한 정이
질펀하게 흐르고 있는 만석동네 있음에

송현 마루에서

흙먼지 분분한 수도국산 마루에서
채근질한 바람이
버려라!
버리라 하네

던져도 가져 갈 이 없는 남루마저
수중한 기억으로 새겨져 있던 가파른 언덕배기
가고 또 가 보아도
어렵게만 보였던 골목길을
앞장 서 걷던 칠순 어르신네
깡마른 장딴지 발 아래로
좁지만 정갈 했던 마을 어귀
숨 고르고 쉬어 가자며
낮은 담벼락에 얹은 골 깊은 힘줄의 손등

바람 성성 드나들던 나무 대문도
대문 밖에 달린 문고리의 절렁거림도
헌신짝처럼 주거환경 개선장군 앞에서
와그르르
무너지고 무너지던
개화기 백년의 자존심이

대형 그물을 뒤집어 쓴 채
흙더미에서 숨죽이고 있었지

불처럼 타오르던
화노진 철쭉 꽃다발로도
달랠 수 없었던 영혼이였기에
10년도 버리고
20년도 버리고
100년도 버려야
산다고
새천년을 산다고
목마르게 살아 온 세월 넘어
등 따숩고 배부른 시절 온다고
주문을 외듯 재촉하던 목소리
바람 되어, 흙바람 되어
떠나라
떠나라 하네
썰물이 밀물을 막아 내지 못한다면서
버리라
버리라 하네

-2000년

백령도 두무진에서

어머니
그날이 올 때 까지
앉아 기다릴 수 없어서
정강이를 걷어 올렸습니다.
촛불 밝히는 그믐 밤
기원처럼 새벽 별 찬란하여
질척거린 역사의 강을 타고 무연히 갑니다.

험한 준령 넘던
겁 없던 의지가
가쁜 숨 내 쉬던 거친 바람을 따라
폭풍에 가무러치듯 호야등 달고
배 한 척
위태 위태
황해로 서해로 남해로
흔들리며 갑니다 .

순창 장류마을을 지나며

사랑해!
토해내면
쏟아 낸 만큼 가벼워진 사랑
맑은 소리 울려 퍼지는 항아리

사랑해!
품고 있으면
품은 만큼 무거워진 사랑
둔한 소리 단단한 항아리

토하지도 않고
품지도 않은 사랑
수십 년 삭다 보면
농익이 뜨는 장독처럼
구수함이 코끝을 스치는 항아리

서 있는 나무

지금도 그 분은 서계십니다

70년대
이름조차 생소했던 임상병리 씨앗을
척박한 전라도 땅에 굳게 심으려고
십년이 가고 이십년이 넘도록
올 곧은 신념 하나 푯대 되어 계십니다.
거친 바다로 떠나는 목선에게
거센 바람과 지루한 땡볕에도 견대 낼
한 폭의 돛을 올리기 위해
정교하게 빚은 학문 한 뼘씩을
나누어 주고 있습니다

머리카락 한 올 나부낌 없이
매무새 한 자락 흐트러짐 없이
하나님과 사람 앞에서 성실하라
하나님과 사람을 진심으로 사랑하라
짧고 단호한 음성으로
조용히 들려주고 계십니다.

손끝에 분필가루 몇 십년 켜켜이 쌓여도

언덕이라 말하지 않는
산이라 말하지 않는
정중한 겸손함으로 그분은 계십니다.

쉬지 말고 정진해라
일초를 아껴라
끝까지 참아내라
언제나 처음과 끝이 동일했던 열강에
때론 진저리 쳤던, 반항하고 원망했던
수많은 외침과 회유와 유혹에도
흔들리지 않는 평생의 이름
키 큰 소나무로 계십니다.

밀려오고 밀려가는 제자들의 물결 따라
나이조차 잊고 살아왔던 세월을
또박 또박 짚어 보며
앉아 기다리기보다는
높이서서 지키기를 원하는
시들지 않는 푸름으로
소망을 간직한 채
햇살 고른 언덕에서

지금도 그 분은 서 계십니다.

- 예송 조영주교수님 송시(訟詩) 1995.6.30

유리 같은 아침

너에게로 향하는 문이 열렸다
가린 것 없이 진솔한 모습이다

어둠은 아픔을 안고 물러나고
유리잔에 담긴 하루가 찰랑 거린다
퍼져오는 햇살은
대지를 덮은 안개 포장도 벗겨 냈다

창밖의 물체가 더 또렷이 보이도록
얼룩자국 하나 남기지 말자
팔각면체에 둘러 쌓인 나의 방을
깨끗하게 닦아 놓자
유리 같은 아침으로

2부

아름다운 집

어항에 들다
- 요양병원

오월
꽃 무더기 화사 한 날
무슨 일이 있을까?
귀를 쫑긋 세우시고
어머니 기다리시네
간밤 현몽을 고대 하시는지
연신 문 쪽만 바라보시면서

활개치고 돌아다니던
봄볕이야 훨훨
따라잡고 싶겠지만

잠인 듯 쉼인 듯 구별이 어려운
긴 선잠의 헝클어진 실타래를 헤집고
날아 다니던 상상의 날개는
옷장속에 가지런히 개어져 있고

꿈적도 하지 않는
가느란 발목과 가늘어진 장단지가
병실 침대 난간에서
대신 울고 있었네

아름다운 집

달팽이 천천히
벽을 타고 기어 간다
성긴 그물에 촉수(觸鬚)를 의지하며
손끝으로
발끝으로
한 땀 한 땀 수(繡)놓는
시간 여행
지구 저편의 기운까지 끌어 모아
서까래 하나
더디게 올라 간다

젊은 날
함부로 쏴 버렸던
일흔 다섯 개의 화살을 다 소진하고서
오욕(五慾)의 침노를
기꺼이 감당 하겠노라
맞서 싸우다가
마침내 쓰러지는 장수

대들보 튼실했던 집
아름다운 집

나의 살던 고향
어머니.

이 세상의 집

사네.
이곳에서
바람으로
안개로
빈집으로 사네.

너무 많이 보았고
너무 많이 들었고
너무 많이 떠들었던 이승을 떠나
이따금씩 찾아 온 레테강가에서
눈짓으로만 물으며
몸짓으로만 대답하고
넘실대는 강물에
시간의 보석을 팔매질하며
인내를 연단시키는
저 세상 사람들의 언어가
맞바람처럼 섞어 지나가는데

일상의 블랙홀에 빠져 들어
채워도 채워도 보이지 않는 눈금
바람 같은 욕망으로

안개 같은 혼돈으로
영혼의 빈집으로 사네.

추도식을 마치고
-아버지 1주기

왔냐!
곡성 옥과 석곡리 산 중턱
우거진 솔바람 끝에서 들리는 음성
왔냐!
월산동 집봉 터널 옆
개나리 남실 바람 속에서 들리는 음성
왔냐!
손 때 묻은 집안 가구와
장난감처럼 만들어 놓은 선반 위에서
먼지처럼 날리는 음성

곁에 없지만 아직도 두려움이 먼저인 당신은
원망도 허망한 메아리로 돌아와
질기디 질긴 핏줄의 용서로 지워지고
골 깊은 상처도 일상의 추억으로 변해 가는데
모습도 목소리도
그대로인 당신은
지축이 무너진 자리에 아직도 계십니다.

하행열차

열차가
가고 있다
철덕 철덕
무겁고 긴 과거를 끌고
기억이 오고 있나
지루했던 일상
차마 버릴 수 없었던
보석이 변신 했던 돌덩이로
어둔 차창에는
거역 할 수 없는
도도한 강물이
굽이쳐 흘러가고
라이터 불빛처럼
깜박-하나 꺼져 버리는 시간
환상에 매달렸던
영혼의 그림자가 침몰하고 있다
희미하게 조명하던 실내등도
세월의 칼질에 산산이 부서지고…

지금 빙하가 녹고 있는가?
하얀 꿈이 빗속으로 흘러 간다

땅에 흥건한 기억
내 눈에도 없고 가슴에도 없는 눈물이
거기에는 있었다.

합정역에서 당산역까지

합정역에서 스크린 광고를 보면
어떤 것은 다음 열차 오기 전
오 분 동안에 이해 할 수 없는 것도 있다
기호와 축약이 난무한 디지털 속에서 허우적거리다가
잠시 후 펼쳐 질
장구한 아날로그를
만났다
설레고 출렁이다
환하고 서늘하다
40초 동안 첨벙 첨벙 한강 수 건너가기…
몸도 마음도 건조한 영혼까지 흠뻑 적시었다
아!
항상, 무심한 듯 앉아 있는 자여
나처럼
죽을 뻔 하다가 살아 나왔군요

강변 풍속도

포만감으로 가득한 오후의 욕구는
강을 만나고 부터 변하기 시작 했다

산을 타고 넘어 온 늦가을 바람이
그들의 옆구리를 간지럼 피우자
물 만난 사내들은 누가 먼저랄 것도 없이
강물에 돌팔매질을 해 댔다
찰방 - 찰방 - 솟구쳐 오르는
물수제비 숫자가 늘어 갈수록
높아져 가는 남자들의 환호성
여자들의 웃음소리

씻기고 씻겨서 더 씻을 것 없이 깨끗한데도
쉬지 않고 제 몸을 닦아내는
맑은 냇가의 조약돌
갈 별 눈빛도 물속처럼
점점 투명해져 갔다

처서일기(處暑日記)

여름도 또 쉽게 갔다
봄처럼,
한 달포 뜨겁던 유희로
대지와 뒹굴더니
사랑도 시들해졌능갑다
뉘 오라 할이 없건마는
종잡지 못한 운명처럼
펄럭이는 미련도 없이
사립문을 나서는 홑치마

편지.95

외 바람 한번 꿈쩍 못했던
십 오년 무안 살이를
서둘러 청산할 땐
이리 먼 길 될 줄 몰랐습니다.

빠끔이 열어 보이는
인생의 사립문 앞에서
충동처럼 봇짐을 싸고
황망히 장마전선을 따라
북상하던 개땅쇠 들은

한때는 고인물이 썩어감을
묵묵히 바라보며
씁쓸해 하기도 했었지요
천지개벽이나 꿈꾸어 왔던 시절에
하늘이 문을 열고
파란 눈빛으로 불러내니
낸들 동하지 않았겠습니다.

기후와 토양이 너무 달라서
뿌리 내릴 힘이 있을는지

수시로 걱정 됩니다.

가라고 또는 가지 말라고
불어오던 변덕의 바람으로 해서
지새웠던 뜬눈의 몇 밤도
소중한 기억이 되겠지요

떫고 설익어서 때론
부끄럽고 철없었던 지난 날 이있지만
변함없이 비춰주던
따순 정과 투박한 인심에
늘 감격해 했었지요

오뚜기 뒤뚱거리다
다시 일어서듯
만석동 개땅쇠로
꿋꿋이 뿌리 내리렵니다.

봉인(封印)

그동안 잘 달려왔다
목적지로 가는 길에
유(U)턴 하라는 표지판
뒤로 돌아가!
자동차 깜빡이등 좌측으로 켠다

반쯤 달리다 포기한 운동장 뜀박질과
반으로 접혀진 일기장,
서성대던 지갑,
전염병에 붙잡혀 사는 나를 걱정해 주던 전화기도
책상 위에 놓았다

우르르 쏟아져 나오던 여학교 교문을 벗어나
재잘대던 하굣길에 너는 골목길로 접어 들었다
길가 담장 옆으로 키 재기 하던 넝쿨 장미
오월 꽃들의 함성 너무 커서
시계 소리를 잠식했다,
째깍대던 초침바늘 멈추고
장미 진다
다들 울고 있는 곳에서 혼자 미소 짓는 너를 두고
나는 길을 떠나 왔다

걷고 걷다 보면 아득히 먼 곳에 마냥 서 있는
너는 점점 작아지는데
자꾸 돌아보던 고개가 더 이상 뒤로 젖혀지지 않았다
기억의 잔주름이 늘어가는 하오
봉인된 편지가 여전히 의자에 놓여 있구나

- 2009년

몸에 든 병

그가 오기 전
우리집은 자유롭고 활기가 넘쳤다
그는 완고하고 이악스러워서 잦은 다툼이 있었지만
나에게는 거절할 수 있는 힘이 없었다
그가 온 다음부터
불편의 자식들이 집안에 득시글거렸다.
겨우 남아 있는 자유 한 접시는 시렁위에 올려 놓고
한숨의 혀 끝으로 입술만 적실 뿐
제 발로 나가기 전 까지는 내 쫓을 자 없었다.
인내와 침묵이 냉기로 가득 찬 몇 달 후
앙상한 그의 손등을 보았다
슬며시 어루만져 보았다
건조하고 까칠한 피부가 움찔하며
바르르 떨고 있었다.
속 앓음을 깊게 했음을 비로소 알았다
자유를 겁박 당한 보복으로 방치했던 시간 속에서
형상은 돌이킬 수 없도록 변해 버렸지만
너는 내 것이라!
뼈만 남은 너를 품에 안아 본다
너는 내 것이니!

※ 인용 이사야 43:1

3부

물의 들숨

모닝커피

나 가시에 찔림을 받고 싶어
게이지 작은 주사바늘
갈급한 혈관에 꽂고
낯선 이물질을 즐겨
오늘은 웃으리라
너를 기쁘게 맞이 하리라
기운 내라
탄력 잃은 날개여
속삭이는 자극을 따라
노역장으로 향하는 길을 따라
쏟아지는 스포트라이트 불빛을 따라
오늘은 직진하는 것이다.

밥상

그릇과 그릇이 부딪친다
울퉁불퉁
뭉클뭉클
가락은 장조에서 어느새 단조로 흐르고,
언제 누가 나를 속였던가?
스스로 던진 희망의 덫에 걸려서
용틀임과 기백은
하얗게 표백 되었다

창백한 얼굴로
죄 없는 담벼락에 침을 뱉으며
성스러운 밥에게
감히 삿대질을 하다니!
밥을 우습게 보는 것
달을 보고 우짖는 개의 항변이다.

생명을 살리는 밥
소중한 밥이 담긴
그릇의 모양을 구태여 탓하랴
참담한 밥상 위에서
당당하라!

한 그릇 밥이여

물의 들숨

물은 안다. 어디가 깊고 얕은지를.
언제 저 벽을 넘어
다른 곳으로 넘어가야 할지를…
궁금해 견디지 못해서
깊이와 높이를 저울질 하는 인간과 달리
물은 기다릴 때와 넘어가야 할 때를 안다
기웃거리지 않고
묵묵히 견디면서
실재하여
스스로를 채찍질 하지 않는다.

겨울 잠 같은 날들

시나브로 섬이 되어 갔다
머리털을 밀어 버렸다
어쩌면
세속을 등질 지도 모른다.

끌텅 같이 남아 있는 그리움 진액이 되도록
떼어 낼 수 없었던 애증(愛憎)

잠이 들면 가지와 잎들이 향기롭게
재잘대던 봄을 난다.

비와 바람이
먼 변방의 족속들을 몰고 와
기웃거리기 전
마른 뼈에 여린 싹 한 잎
매달기 전 까지는
나의 두려움과 아픔
부대낌과 절망을 알아 본 자

아무도 없었다.

우자 한담(愚者閑談)

일 년에 한 번
후회의 눈물을 흘린다
들녘에 오롯이 자라난 제비꽃
그 말없이 웃고 있는 것들을
짓밟고 지나왔던 것을

일 년에 두 번
참회와 후회의 눈물을 흘린다
천방지축 뛰놀던 논개구리
무참(無慘)히도 뒷다리 엮은 포획물
자랑했던 회심(會心)의 미소를

일 년에 세 번
두려움과 참회와 후회의 눈물을 흘린다
연명(延命)의 욕구를 채우기 위해서
희생의 재물을 거리낌 없이 취했던 매 끼니를

일 년에 네 번
좌절과 두려움과 참회와 후회의 눈물을 흘린다
그때 내가 왜?
거친 바람의 위력 앞에서

몸을 움츠린 채 떨고만 있었는지
몰아치는 바람의 길을 온 몸으로 막지 못했는지
돌을 치려고 했던 계란을 비웃었는지
용광로 옆에 비켜서서
천길 불 속처럼 온전히 녹아 내리지 못했는지
습관처럼 지혜의 모자를 찾아 쓰려고만 했었는지를.

우자한담 (愚者閑談) 2
-고해

오늘도 나는 세치 혀를 도마 위에 올려놓고
나름의 생각이라는 미명 아래
다른 이들의 행위에 칼질을 해 댔습니다

내 눈의 대들보는 보지 못한 채
다른 사람의 티끌만 보였던 눈으로
세치 혀를 날쌔게 휘둘렀던 칼에
오욕칠정의 단어들이 순교자의 피처럼
무수히 튕겨나가 뒹굴었던…
그랬습니다.
또 다른 비판을 해야 하는 현실의 잣대는
눈금이 지워져서 안보이고 무뎌져서
가늠자 조차 필요 없다 했던 교만함으로
신(神) 이외에는 아무도 허락하지 않는 법정에
누군가를 세워 놓고서 최후의 진술도 허락 하지 않으며
단 세 번의 망치질로 결정하는
판결문처럼
내 이웃의 허물을 난도질 했습니다.

진월 대설(大雪)

바람 고요한 저녁
나리는 눈은
부드러웠다
보슬비 보다 살갑고
벚꽃 보다 감미로워서
고공무용 하는 자유로움에
한껏 박았던
가슴의 대못이 흔들렸다
말뚝도 흔들리고
대들보도 흔들리다가
그 먼 나라로 향한 길이
마술처럼 펼쳐지고 말았다.

백색 가루의 하중이
무시로 조여 오는데…

가야할 곳을 잊고
하얀 성으로 들어가는
25시의 사람들

눈 녹아 내린 길을 가다

순수한 사랑을 했었네
눈처럼 어지러웠지
난장이 동굴에 들어 간 것처럼
딴 세상이 펼쳐졌어
동굴 사람들은 순결을
장식품처럼 진열 해 두지 않았지
순결은 심심풀이 간식이였어
던지고, 깨물고, 짓밟으면서…
장난감처럼 가지고 놀다가 실증이 나면
구석대기에 쳐 박아 버렸어
모든 사랑은 순결해야 한다고 떠들던 사람들은
그 장면이 공중파 방송에 나가자 흥분하기 시작 했어
병들어 죽어가는 순결의 모습에
그 잔혹함에 몸 서리 치면서도
<순결 리얼 다큐> 프로그램을
시청 하느라고 밤을 새운 이도 있었지
순결의 상처는 보기 보다 훨씬 크고 심했어
모든 피는 정직한 거야
………
아직도 아물지 않은 붉은 흔적으로 질척거린 거리
그때의 기억을 잊지 말자고

눈 덮힌 길에 검은 발자국을 남기면서
우리들은 자학하듯 마구! 밟고 다녔어

들리지 않는 변명

나라고 유유히 흐르고 싶지 않았겠느냐
그러나 지금
등에 달라붙은 인공 거머리들이 압박을 하며
배반과 전복을 노리고
스위치를 끄지 않는다
어쩌면 전자장치가 고장 났을지도 모른다

나라고 왜 느긋하게 살고 싶지 않겠느냐
이 길 끝에서 기다리고 있을
민낯의 실상과
세상살이의 너절함을 만나고 싶겠느냐
내가 "바담 풍" 해도 너는 "바람 풍" 하기를
나는 쓰러져도 너는 버텨서
큰물에 휩쓸려가지 않고 이기어 승리하길 바랐건만
안타깝게도 너 또한 너부러져 있구나

살기 위해 몸부림치며 떠 내려와서 보니
하류에 펼쳐져 있는 것은
조각나고 분질러진 새까만 부유물 더미-
더 큰 비애는 이 지경에 이르러서 돌아보니
홍수에 퉁퉁 불어

누렇게 뜬 몸 뚱아리가 비대해져서
내 혼자 힘으로 더는 멈 출 수 없었기에
무자비하게 알면서도 위태위태한 너를 또 다시 덮치고
말았단다
행동이 뜻을 따르지 못했다는 것을
이제 와서 이렇게라도 변명 하려는데
넌 이해해 줄 수 있겠니?

손톱 깍기

숨 쉬며 사는 날은 쇠퇴해 가는데
손톱은 길어만 갔고
각질은 점점 더 단단해 졌다
웃자란 손톱은 더 이상 필요 없어
오른손이 결정을 내렸다
어느 날 손가락 길이 보다 더 긴 손톱을 자르기로 했다
삐뚤빼뚤 잘린 손톱이 간단없이 떨어졌다
병이 들 땐 몸집을 키우기 보다는
다이어트를 해야 한다고 떠들어 대던 아이엠에프 이 말에
모두들 숨죽이며 살았었다
잘려진 손톱들이 여기저기 나 뒹굴었다
지하도, 도로변, 공원벤치… 쉰내 나는 삶이
빠른 자전에 어지러워서 헛구역질을 하고 있었다
그래도 병든 몸의 몸무게는 줄어들지 않았다
절단의 쓰라림만 있을 뿐,
초승달의 한을 품고 쓰레기통으로 들어간
판도라의 상자에서는 연기만 몽실몽실 피어날 뿐
아직도 꿈은 이루어지지 않았다.

무딘 칼 끝으로

초등학교 1학년 아이 전과를 사면서
천원을 깍았다
책방 주인은 이문이 안 남은다면서도
문화상품권 한 장을 사은품으로 내밀었다
의외의 수입에 벙긋해진 심사
호기롭게 시집 한 권을 골랐다
시집 한 권 값이 사은품 한 장과 같았다
잠시 후
책방 문을 열고 나왔다
찬바람이 얼굴을 때렸다
가슴을 때렸다
눈을 때렸다
비수가 되어 나를 찔렀다
무심히 걸어가는 사람들 등에도
삶의 누더기 짐으로 혹등고래 같은 나에게도
무수히 꽂히던 칼을 그 날 비로소 보았다.

새우 튀김

가수 <싸이>가 올 여름부터
「강남 스타일」 K팝으로
한류몰이를 한다는 뉴스가 나온다
유튜브 조회 수도 늘어서 인기가 많단다

지구촌 사람들에게 인기란 뜨는 것

중력이 지배한 이 땅에서
끌어 당기는 만유인력을 뛰어 넘기 위해
170℃ 끓는 기름통 속으로 들어갔다
허멀겋던 새우가
붉고 탱탱하게 변하여 떠올랐다

서로 밀어내고 당기는 힘이 클수록 뜨는 장면이 멋진 곳

뜨기 위해서 바둥대다가 수분을 증발 시키고 오그라든
새우등의 물음표는
일생 한번이라도 확실하게 뜨기를
보통 사람들은 바란다는 것.

운문사 액자

모든 향기를 거두어드린
가을 끝자락을 붙잡으면서
점점 비굴해져 갔다
영혼에 흠이 생기도록 기만하며
이성을 농락하고
순결에 비수를 꽂아 두고서
피 흘려 자멸케 했던 나날
뜨건 심장의 고통이 고드름처럼 차갑게 길어 질 때도
소리치지 못한 채
작은 조롱 안에서 조차 검은 휘장을 두르며 지냈던 시절
삭풍보다 더 에인, 파르스름한
여승의 머리를 잠시 사모 했었던가
빛바랜 소묘 한 점
청도에 걸려 있다

4부

봄비 그치면

봄비 그치면

그분이 웃는다
여인이 웃는다
아이들이 웃는다
그들이 웃는다
꽃 피는 봄에는 모두 웃는다
눈물도 기쁨인양 흐르는 봄비 내리면
잦은 붓질에 몸을 풀던 굳은 수채화 물감처럼
언젠가는 앙금도 녹아질 것이다
젖은 눈빛의 우수(憂愁)로 숨어 있는
싸늘한 기운을 알았는지
봄볕은 자꾸만 처마 안 깊숙한 곳까지
고개 숙이며 파고 든다

멀리서 바라 본
그분이 또 웃는다.

상소(上訴)하는 봄비

땅 속에서
전쟁이 일어났다
빗발치는 외침과
꽝 꽝 꽝 총소리
우르릉 대포소리
내가 있다고
내가 갇혀 있다고
제발 문 열어 주라고
동 동 동 동
발을 구르네
종일토록

경칩(驚蟄) 대화

눈 뜨고 싶어요
새 빛이 오고 있데요
오랫동안 틀어 박혀 있었더니
두렵고 어지러워요
- 움직이고 싶어요
- 손과 발바닥이 근질근질해서
견딜 수가 없어요
답답해서 문 밖에 나가고 싶어요

아가
아직 새벽 이란다
시샘하는 북서풍이 휘몰아 쳐서
눈 못 뜨게 하는데
혈기 앞세워 달려가다가
일어나 급히 나가다가
넘어질까
심히 걱정 되는구나 , 엄마는

주사 맞는 날

보육선생님 손에 이끌려서 병원에 가던 날
예방접종 받으러 온 사람들이 가득 찼습니다.
엄마 아빠 할머니까지 함께 온 아이도 있었습니다.
주사실에서 나오던 아이들이 울고 있었습니다.
주사 맞고 왔던 은영이는 입을 꼭 다물며 참아 내고 있었는데
석이는 오히려 간지럽다고 큰소리로 헤헤 웃었습니다.
그동안 엄마 아빠 보고 싶었어도 울지 못하고 참아 왔는데
주사 맞은 나는 너무 아파서 눈물이 나왔습니다.
그 동안 맘 놓고 울지 못했는데
주사 맞는 날 악을 쓰며 울었습니다.

봄이 와야 할 이유

감았던 태엽이 풀리는 시간
정지한 자는 죽었고
살아 있는 자는 움직여라
한번이라도 더 숨을 쉴 수 있다면
소망을 품자

새파란 꿈으로 도배된 기쁨의 방
대지의 욕망은 피돌기를 빠르게 하고
달려가라! 봄으로
묵은 과거의 나태를 벗어 던지고
가진 것 없는 빈손으로도
부끄럽지 않을 당당함으로
용서하라! 봄처럼
수만 번 작별 했음에도
매번 새롭게 다가와
손 내미는 이 땅의 너그러움으로

날이 갈수록
눈부신 그대 앞에 서면
싱그럽고 청초한
순백의 아이처럼

상처 많던 시간들도
망각의 베일에 싸여
더 이상 미워할 수 없음에

벚꽃 그늘에 앉아서

사직공원 벚나무
시샘바람으로 홍역을 앓다가
돌림병처럼 반점을 꽃 피우리
여러 해 아팠어도 면역되지 않는
결핍성 알레르기
부르지 못한 몇 소절의 노래가
춘풍에 배회 한다
봄비는 향료를 부어
마른가지 해맑게 하거늘
나는 무엇으로 그대 꽃 피우리
뜨락에 봄은 따스하여도
내 봄은 소슬하여 움츠린다.

부부(夫婦)

닮은 꼴
그림 두 장 포개어

밝은 햇살 뜨는 창에 대고
조금씩 비춰 보다가
잘 맞춰지면 사랑
어그러지면 미움

그래서 아름다운 것들

씨알 한 톨 사랑하여
보금자리에 간직 했습니다.

한 날 부질없는 시작으로
불려 왔던 생명일지라도
온기를 받고서야
기운 나 일어나기에
봄부터 가을 나도록
삭풍에 흔들리고
폭우에 쓸려갈 뻔 할 때도
잘려가고 꺾여지더라도
길디 긴 연명의 줄기에 의지하여
민들레도 되고
귀뚜라미도 되고
호박도 되어
이렇게 꿋꿋이 서 있습니다.

꽃잎에 입맞춤

눈 감고
날아가서
바람을 더듬는다
공간에
콕
박힌다
경계가 아스러진다
이보다 더
부드러운
아가 볼은
없다.

초록 코끼리

아열대 기온으로 변해서
우기가 지속되던 여름날
열대 밀림같이 빽빽한 아파트 단지 옆으로
코끼리 줄 지어 지나가고 있었네
큰 귀 펄럭이며
긴 코 흔들면서
열대우림 울창한 숲길에
코끼리 지나가듯
회색 콘크리트 빌딩 사이로
비를 부르는 바람 따라
가로수 출렁 거렸지
풍성한 잎으로 시위하는
초록 코끼리를 보았네.

눈물

쓰다듬는 시선을 타고
누가 나를 해석 한다

바코드에 찍히는
명암의 세그먼트
시시각각 드러나던
정체가 적나라한 일순간

와그르르 무너지던
이 모래성을
얼마나 오랜 날
쉬임없이 쌓아 올렸던가!
무너지지 않기 위해
떠 내려 가지 않기 위해

반죽 앞에서

남의 집에 세간 살이 들고 가는
이대로는 아무것도 아니라고 -
돌아 설 수 없다고
이물(異物)과 섞어져야 한다면
세태에 휩싸인 채
사지라도 눕혀야 된다고
누워서 두 눈 질끈 감고
임종을 바란들
정말이여!
두들겨 맞고
아예 - 뻗어 버리자고
부서져 형체도 없이
녹아내려 본 적이 없었기에…

과연,
다른 세계가 있기나 할까 ?

카프리에서 온 편지

아직도
행복하나요?

쏘렌토 항구를 떠나
푸른바다 속 하얀 섬
몬테 쏠라리오 안나카프리에는
영롱한 물방울 수 십개가
햇살 속으로 흰 날개를 타고 올라 갔지요
나이와 기억의 망토를 벗어 버리고
오랫동안 짓눌러 왔던
장식의 모자도 던져 버렸지요
아! 잡을 수 없는 것은 아쉬워하지 않기로 했어요
해조음 노래를 들으며
레몬 꽃향기를 맡으며
아무도
꿈이 이루어지는 현실을 깨우지 않았어요

멀고 먼 그 나라
된새 매운바람 거세게 불어와도
바다보다 더 넓은 가슴으로 안아 주던 카프리

멈춰진 그날에 찍힌
가슴속 사진
빛 바래지 않았나요 ?

5부

내려가고 있는 돌

늦가을 묵계

내 본시 빈 몸뿐이거늘
발아래 내려놓는
허름한 의장 같은 것 버려두고
새털처럼 훨훨 날리며 가고 싶어서
무거운 세속의 짐
산문 밖에 두려 하는데
어느새 자꾸만 와서
숨겨진 욕심처럼 발등을 덮는 낙엽.

내려가고 있는 돌

그는 돌
계곡에 놓인 돌
폭우에 씻겨서
모난 각 무뎌지고
풍상에 부서져
몸무게도 가벼워진

때론 뿌리 채 뽑혀서
저자 거리 오가는 이
발길에 채이기도 하지만
지상의 모든 것 들이 평등해지기를 바라는
세월 앞에서
여과지를 빠져 나온 망각의 샘물을 마시며
가끔씩 숨 고르기도 하겠지

근본이 어디 쯤 이였는지
묻고도 싶었지만
우뚝 선 자의 권세와
뒷모습의 고독과 위태함을 보았기에
속박된 자의 자유
내공(內攻)을 키우면서

맑은 물 개울가에 두발을 담그려고
기꺼이 내려가고 있는 돌.

환절기

고비사막을 건너는 일은
험난한 여정이다
앞장 선 이
깃발을 앞세우며 펄럭이고 있다
가야만 하리!
북이 울리고
진군 나팔소리 요란한 저 - 들은
모르리
아침 세숫대야에 풀어지는
한 움큼 머리카락 속에서 소스라치게
놀라고 있는 갱년기를…

마침내 도착한 환승역에서
소름 돋친 살갗을 뒤안길에 문지르며
만종의 긴 여운에
귀 기울려야 할 시간이다.

기압골

흐린 날이 계속되고
뿌리까지 나른해져 오면
외줄기 푸른 기둥은
고개를 들고서
또 다른 곳에서 날아 들어 올
바람의 냄새를 감지한다

산 안개가 내려오고
나무들은 조용히 침잠하고
한 줄기 바람조차
허리를 흔들게 하지 않을 시간
까치발로 서서 기다리던
고기압은
아직도 산정에서 노닐고 있었다

무한궤도의 돌

회전 차의 중심부에서 돌을 던진다
동력의 외계를 향해 발사되는 가속화
마침내 비명 지르며 추락하는 궤도에서
자정의 축소를 배운다
통과하기 위해 더욱 작아지려 하는 돌
초음파 통신에 의하면
돌은 무한 궤도에 걸려
인공위성이 되었다 했다.

겨울 통근차에서

입김이 서린 뽀오얀 차창
해는 떠 있어도 다가서지 않는다
그저 적당한 빛 그늘에 앉아
꾸벅 조는 것 이외에는
해를 반길 이유가 없다
싱싱한 햇살이 지천에 널려 있어도
한 점도 들어오지 않는다
왼뺨과 어깨를 간유리를 통하여
따사롭게 할 뿐
한 두 줄
문발이 내려 왔다
그리고 여러 가닥이 내려와 흔들렸다
길게 벗겨진 햇살의 표피
얼비치는 들녘의 풍경
밀폐된 가슴을 선뜻
열지 못하고 부대끼다 마지못해
찢어져 버린 비닐하우스
휑한 자락이 펄럭이고 있었다.

늦은 귀가

늦은 밤
재재거린 TV소리가
적막을 간지럼 피우고
고른 숨소리 따라
꿈결이 흐르고 있는 방안에
슬며시 물살 헤치며
잠든 아이의 머리를 만진다

짧게 깎아 오소 솔한 머리털 사이로
파란 꿈이 새록새록 자라고
빳빳이 솟구쳐 오른 파발 가에 앉아서
아침을 캐 오던 그날처럼
아들의 미래에 회색 하루를 섞었다

나에게도 꿈이 있었던가!

망각의 세월을 뛰어 넘어
내달리던 웅비
말 아홉 마리를 몰고 가는
마부의 힘찬 외침이.

모로 누웠어도
아들은
희망을 저울질 하며
푸른 초원 어디메를
말 타고 훠이 훠이 달려가는지.

- 2003년

가을 저녁

먼데 불빛이
더 아늑하게 보이는 건
살아 있으므로 감사할 일이다
더군다나 늘 다정했었음으로
추억에 설핏 드리워져
채색되는 빛깔이
나뭇잎에 촘촘히 박히면
무게를 이기지 못해
파르르 지는 이파리들

박새는 상수리 나뭇가지 위에서
포드닥 거리고
가슴에 금가는 소리가
부지직 - 나는 곳
저문 들녘에서 보았던
먼데
불빛이 더 그립다.

돌아보면

그랬었다.
수천 개 물감을 뿌려 놓고도
그림자 하나 건지지 못한 채
주섬주섬
남은 빛깔들을 쟁반에 담아
재 넘어가는 석양도…

돌아보면
냉장고 여닫는 소리
아이들 야단치는 소리
어린이집과 사무실로 마트로
종종걸음 치던….
그림자만 무성했던
헝클어진 자잘한 시간

껍데기만으로도 넉넉했던
육신은 가느다란 맥박에서
위안을 받으며 늙어 갔다
그랬다
기력을 다해 혼 불을 지키던
불씨도 마침내

타들어 가는 심지를
물끄러미
바라보고만 있어야 하던
그런 날들의 모습이 되어가고 있었다.

단풍과 단풍 사이

목을 늘이고 싶다
허리를 곧게 펴고
팔도, 다리도, 더 늘여서
지금 보다 더
너에게 다가 갈 수 있다면

이제야 보이는
여위디 여윈 우리 모습들

채우지 말고
이제는 버리라고 보채는
격언들
분분하게 창가에 쌓일 때 마다

한줌 재도 남김없이 사라지리라
천지에 가득 찬 그리움 속으로 들어가리라

한 가닥 미련조차 태울 불길
시방
치솟아 오르고 있다.

시월 달력

아직 갈
때가 아니라고

낮으로 내리는 화사한 햇살에 취해 있는 꽃들을
흔들어 깨울 때가 아니라고
산에 들에 웃고 있는 나무들의 미소가
너무 생글거려서
이별을 말하기에
입이 차마 떨어지지 않는다고
윤기가 남아 있는 촉촉한 이파리
아직
출렁이는 꿈이 머물러 있다고

한 달 내내 말하고 있었네

겨울 리어설

애써
버티고 섰던 마른가지가
우지끈 부러 진다
가지 끝에 매달린
가을도 우수수 진다

눈앞이 그만 캄캄해졌다

무대 자막이 어서 올라가기만을 기다리는
초
조
함

흑백 영화

흑백 70미리 단편영화
한 편 보고 싶다
당신이 주연이고 조연이면 좋을
–
눈부시게 환한 모습이
화면 가득 차 오를
영상 모음집
앤딩이 슬퍼도 좋을
그런 영화 한 편
다시 보고 싶다

초보자

올 봄부터 클래식기타를 배운다
더듬더듬 음계를 튕겨대는 손놀림이 어눌하다
뒤틀린 손가락 모양인데도
기타아 소리의 선율이 내 몸을 감싸 안을 그날을
기다리며 열정을 품었다
삼십 오년 동안 기타를 치신 선생님처럼
고비 하나 넘어보지 못하고
갈등 한번 해 보지 못한
초보자의 꿈은
십년이라도 저당 잡히고 싶었다

가시는 보이지 않고
그림 만으로도 아름다운
먼 발 치 장미꽃처럼

-2006년

솜새의 하루

둥지를 찾지 못해서
헤매던 솜새는
밤 깊도록
산길 에서 서성대다가
온 몸에 한기를 느꼈는지
부르르 낙엽 더미에
날개를 묻습니다.

잃어버린 둥지 걱정에
잠 못 들던 솜새
- 아직 그대로 남아 있는 것들에게 감사해야 해 !

저문 가을
홀로 된 외로움에도 부스럭 낙엽 소리를 들으며
솜새는 어느새
스르르 잠이 들었습니다.

한 곡조

그이는 거듭 물었다
한 곡 할려고 그 먼데까지 가느냐고

매미도 여름 한 철
노래 한 곡
뽑아내기 위해서
칠 년을 습한 땅 속 어둠을 견뎌 내고
초저녁 숲속에다 퍼뜨려 주는 멋진 노래
그 소리에 반한 짝하나 만난 후에야
할 일 다 해서 저 세상으로 간 다는데
한 곡조 잘하기 위해서
수십 번 반복했던 애씀의 시간들

인생도 그렇게
있는 그대로의 모습으로
한 곡조 부르다 간다면
한 곡조 부르고 살다 간다면
그래서 한 장 그림으로 머물 수 있다면,

관객 권유

우리 함께 춤추리라

무대 이 끝과
객석 저 끝을 이어
하나 되게 엮으리라
싸늘한 얼음을 깨고
열기를 지피리라
숨 죽이고 있던 흥 오름
맘껏 펼쳐 질 때 까지

혼자서 불러보는 노래 가락에
어디선가 들려오는
고수의 추임장단

얼 쑤우 -

조개 해감

영흥도 진두리 해변에 서면
물 건너 송도, 대부도, 멀리 영종도가 보인다
앞 바닷 물살이 오고 가며
분내 나는 도시 소식들을 전해 주곤
거들먹거리다 사라졌다

관광객 발걸음도 뜸한 저녁
저 멀리 파노라마 같이 펼쳐지는
야경에 마음을 빼앗긴 나머지
얼결에 차를 타고
인천 검암동까지 오던 조개는
하루가 다 가기도 전에
진두리 앞 바다가 그리워서
속 울음 참지 못한 채
자꾸만 갯펄을
게워 내고 있었다.

時評

공감(共感)과 과유불급(過猶不及)의 시학

유봉희

이희란 시인에 대한 정보가 거의 없었다. 나이는 물론이고 등단경력 등에 대해서도, 심지어 그의 시를 단 한 번도 읽은 기억조차 없었다. 읽었다 하더라도 그것은 너무도 오래 전의 일이었을 테니까. 그저 나와 인연이 깊은 출판사에서 간혹 얼굴을 마주할 때 겸손하고 신실(信實)한 사람이란 인상을 받은 정도에 그쳤던 거였다. 이런 나에게 작품평을 부탁해오니 난감하기 그지없었다. 이런 이야기를 초장부터 꺼내는 것은 시에 대한 이해가 부족한 자신을 탓하는 것이기도 하지만 이희란 시인의 작품이 읽으면 읽을수록 기대 이상의 감동으로 다가왔기 때문이다. 투박한 시어들과 행과 연 구분에서 오는 엄밀성 등이 다소 처지는 면이 없지 않지만 쉽게 마다할 시집은 아니란 강한 인상을 받았던 것이다.

유봉희 柳奉熙(문학박사·서울대학교 국어교육연구소 연구교수)

다인아트 윤미경 대표의 간곡한 청을 거절할 수 없어 원고를 받아들고 홀로 시인과 대화를 시작했다. 나 또한 문학연구로 밥벌이를 하지만 근대문학사, 그중에서도 19세기 말과 20세기 초 동아시아 정치담론을 고리로 한국근대소설을 연구하는 터라 시인과의 대화는 다소 힘들고, 지체되기도 했다. 이 글은 그래서 작품평은 언감생심, 애초부터 포기해야만 했다. 대신 문학을 사랑하고 연구하는 한 사람이 시인에게 보내는 작지만 따뜻한 독후감이길 원한다.

연구실에서 다른 원고들을 읽으면서 틈나는 대로 시인의 시를 읽어갔다. 봄이 오는 길목에서 새소리가, 물소리가 들려오듯 점차 시인의 목소리가 들려오기 시작했다. 그것은 아주 나직한 것이었다. 아, 봄이 오는 소리라니…. 겨우내 연구를 핑계로 때에 절어 살았던 나에게 사실 이희란 시는 잔잔하고 편안한 음악으로 들려왔던 것이다. 폼 내지도 과장하지도 않은 평범한 시어들, 이것이 들려주는 자연과 그 속에서 발견하는 일상과 시인 자신의 내밀한 성찰의 언어들은 잔잔한 공감을 불러일으키면서 음악을 넘어 대화를 걸어오기 시작했다. 독특한 경험이었다.

이번 시집은 전체 60여 편의 작품 가운데 25편에 가까운 작품이 자연을 비유하고 있는 그야말로 '자연의 합창'을 보여주고 있다. 봄비며 돌, 시골마을의 어귀, 산과 바다, 꽃 등이 그것들인데, 이들은 시인 자신이 직접 찾고, 거기서 들려오는 대상들의 목소리에 귀 기울여 채취한 삶의 잠언들로 이어진다. 그 잠언들은 우리가 애써 잊고 살았던 반성과 성찰의 시간들로 이끄는 힘으로 독자들을 공감의 세계로 안내해 간다. 공감(sympathy) 사회적 본능(social instinct)의 하나로 도덕감(moral sense)·양심(conscience) 등과 연결되는 우리 전통사상의 깊은 뿌리이기도 하다. 특히 맹자의 사상에서 이것은 더욱 강조되었던 터다. 한 편의 시를 보자.

사랑해!
토해내면
쏟아 낸 만큼 가벼워진 사랑
맑은 소리 울려 퍼지는 항아리

사랑해!
품고 있으면
품은 만큼 무거워지는 사랑
둔한 소리 단단한 항아리

토하지도 않고
품지도 않은 사랑
수십 년 삭다 보면
농익어 뜨는 장독처럼
구수함이 코끝을 스치는 항아리

-「순창 장류마을을 지나며」 전문

시인의 삶의 태도와 그만의 시 미덕 한 조각을 확인한다. 이 작품뿐만 아니라 이번 시집 전편에 퍼져 있는 것은 겸손을 바탕으로 화려한 것보다 자연과 이웃들, 그리고 시인이 만나는 모든 대상성에 대한 깊은 애정이다. 이것은 과도한 것보다는 절제하면서 다가가 숱한 대화 속에서 길어올린, 쉽지 않은, 언어들이다. 우리는 점차 타자성에 대해 무디어 가면서 '自己' 로만 침잠해 들어간다. 나와 타자를 '구별짓고' 배제하는 세태는 지금 우리에게 무엇을 보여주고 있는가? 최근 우리 사회가 극한 혼란에 빠져들어 가는 형국 또한 타자성의 상실이 가장 큰 원인일 터다. 위의 시에서 이희란 시가 보여준 가장 큰 미덕인 '과유불급(過猶不及)과 공감(共感)의 시학' 을 발견한다.

"지나치면 미치지 못함과 같다" 는 과유불급(過猶不及)은 출전은『論語』·「先進篇」제15장에 나오는 중용(中庸)의 도를 강조한 경구다. 공자의 제자인 자공이 동학들의(자장과 자하)의 인물평에 대해서 공자와 묻고 답하는 내용이다.

자공이 묻기를 사(子張)와 상(子夏)이 누가 어십니까? 공자가 말씀하시기를 사는 지나치고 상은 미치지 못하니라라고 했다. 子貢 問師與商也 孰賢 子曰師也過 商也不及

이러한 이유는 자장은 재주가 높고 뜻이 넓어 구차하고 어려운 것도 해내기를 좋아함이라. 그러므로 항상 중을 지나치고, 자하는 독실히 믿고 삼가 지키면서 규모가 좁으니라. 그러므로 항상 미치지 못한다고 했다. 子張 才高意廣而

好爲苟難 故常過中, 子夏 篤信謹守而規模狹隘 故 常不及

그래서 다시 자하는 그러하다면 사가 낫습니까? 라고 다시 묻자 공자께서 말씀하시기를 지나침은 미치지 못함과 같다라고 했다. 曰然則師 愈與子曰過猶不及

'토하지도 않고/품지도 않은 사랑/수십 년 삭다 보면 농익어 뜨는 장독처럼/구수함이 코끝을 스치는 항아리' 같은 삶과 사랑을 순창 장류마을을 지나치면서 채취하지만 이것은 사랑에만 머물지 않는 우리의 삶에 대한 경구, 즉 과욕적 삶에 대한 경계를 드러내는 것이다. 이러한 시적 태도는 독자와 쉬운 공감을 불러오는 계기를 마련해 준다. 최근 현대철학에서도 공감(共感 · sympathy)은 큰 화두로 다가오고 있는 주제다. 최근 얼마나 소통을 강조하고 있는가? 이 소통부족은 공감의 단절에서 오는 것이다. 공감은 인지적(conitive) 공감능력과 감정적(emotional) 공감능력, 그리고 감정이입적관심(empathic concern) 공감능력으로 크게 나누어 볼 수 있는데, 이 기준에서 이희란의 시를 보는 것 또한 흥미로운 일이 될 것 같다.

오늘도 나는 세치 혀를 도마 위에 올려놓고
나름의 생각이란 미명 아래
다른 이들의 행위에 칼질을 해 댔습니다

내 눈의 대들보는 보지 못한 채
다른 사람의 티끌만 보였던 눈으로

(……)

누군가를 세워 놓고서 최후의 진술도 허락 하지 않으며
단 세 번의 망치질로 결정하는
판결문처럼
내 이웃의 허물을 난도질 했습니다.

-「우자한담(愚者閑談) 2-고해」 중에서

이 시에서는 인지적 공감능력, 즉 다른 이들의 세계관 내지는 상황을 이해하고, 거기에 비춰 자신의 생각을 정리하는 삶의 태도가 매우 진솔하게 드러나고 있다. 이희란 시인은 참 솔직하고 겸허한 사람인 듯하다. 어쩌면 이희란 시인은 '연민의 시인' 인지도 모르겠다. 이러한 인지적 공감의 시어들은, 너무 많이 보았고/너무 많이 들었고/너무 많이 떠들었던 이승을 떠나/이따금씩 찾아 온 레테강에서/눈짓으로만 물으며/몸짓으로만 대답하고/넘실대는 강물에/시간의 보석을 팔매질하며/인내를 연단시키는/저 세상 사람들의 언어가/맞바람처럼 섞어 지나가는데-「이 세상의 집」 등 시집 곳곳에 펴져 있다. 상대의 기쁨과 슬픔을 함께 보듬어 주는 감정적 공감의 세계 또한 빼놓을 수 없는 이희란 시의 매력이다.

왔냐!
옥과 석곡리 산 중턱
우거진 솔바람 끝에서 들리는 음성
왔냐!
월산동 집봉 터널 옆
개나리 남실 바람 속에서 들리는 음성
왔냐!
(……)

-「추도식을 마치고-아버지 1주기」 중에서

긴 이야기 없이 그냥 외마디처럼 던져대는 "왔냐!" 는 그 한마디. 이 속에는 이미 부르는 이와 듣는 이의 긴 공감의 사다리는 놓여져버린 것이다. 이희란 시는 어렵지가 않다. 시조를 통해 등단한 이유도 있을 터이지만 그보다는 시인의 성정이 더 큰 이유가 아닌가 한다. 처음에는 평범해 보이지만 그의 시는 읽을수록 가슴에 스며오는 공감의 소리들이 있다. 이것은 시인 자신 삶의 자세에서 비롯한 것임에 틀림없다는 생각이다. 그렇지 않다면 시 전편에 공감의 시학이 자리 할 수가 없기 때문이다. 다음의 시는 어떨까? 길지만 전편을 옮긴다.

유지매미는
새벽 여섯시가 되자
일제히 울음을 터뜨렸다

때가 되기를 기다렸다는 듯이
쏟아 붓는 정수리의 폭포처럼
하루의 열림이
함성으로 시작되는 동네

밤새 하늘을 뒤 덮었던
제분공장의 가루분과
방직공장의 낮은 소음
곡물 덤프트럭이 올 때마다
살찐 참새 떼들의 조잘거림
대기오염으로 칙칙해진 머리카락을
연신 매만지면서 바람이 불때마다
까르르 웃는 넝쿨장미의 행렬이 있는 곳

한 뼘 땅도 그냥두기 아까워서
고무, 양은그릇, 이 빠진 사기그릇을 댓돌 옆에 두고
맨드라미, 채송화, 고추, 한그루 푸새 것들을
윤기 나게 키워내는 할머니
잠시라도 빈 손 놓고는 못 살 것 같다면서
굴 딱지, 마늘, 바지락을 손이 부르트도록
까고 있는 아낙네들

이 도시에서는 혼자 벌어서
입에 풀칠도 못할 거라며
신 새벽 만석부두로 바삐 걸어가는 사람들

가난한 살림살이
사내는 해장술로 하루를 시작하고
그의 처는 빈 박스 주워오는 발걸음이 분주하다

은행나무 열매가 노랗게 영글 때면
코밑이 검슬검슬한 아들과
짧은 해 다가도록 근심걱정 더불어
자루 가득 은행 따다놓고,
안마당 같은 길 위에서
삽상한 저녁 바람 맞으며
소주잔 주거니 받거니 도란도란…
밤이 맞도록 이웃한 정이
질펀하게 흐르고 있는 만석동네 있음에

-「만석동네」 전편

시인은 이미 만석동네에 깊이 들어가 있던 것이다. 이 시는 공감의 구분 중 감정이입적관심 공감대를 잘 보여주고 있는 작품이다. 사람들과 직접 친교하면서 직접 접촉을 통한 소통의 행위를 말하는 감정이입적관심 공감은 어쩌면 가장 힘든 공감 소통의 작업일 수가 있다. 단순한 관찰자 시선에만 머문 것이라면 이 작품은 여기에 부합하지 못했을 것이다. 지난 1994년 출간한 시인의 첫 시집『어깨 힘 좀 푸시게』(도서출판 한림) 해설에서 시인이자 문학평론가인 노창수는 그래서인지 이희란 시에 대해 다음과 같이 적은 바 있다.

이희란의 시 속에는 이렇듯 인간의 내면에서 부벼대는 속삼임의 언어, 즉 부드러운 나비의 날개짓 같은 그러면서도 강렬한 삶의 의지를 표출하는 그 속살 부빔의 소리가 들려온다. 그 언어는 화자가 직접 사물 속에 들어가 살을 대고 부비기도 하고 사물끼리의 살이 부딪쳐 내는 소리도 있다.(……) 이와 같이 시인은 적극적인 안목으로, 그리고 경우에 따라서는 언어로 생명의지를 노래하고 있다. 아주 작은 미물의 세계에서도 그같은 인식의 눈은 깊이 투안되고 있다.

깊이 공감할 수 있는 대목이다. 특히 시집 제목이 재미있지 않나? 여기에 하나 덧붙이자면 시조의 형식을 완전 폐기하지 않지만 형식의 변화를 통해 대상들을 자유롭게 표현하는 솜씨 또한 이희란 시의 특징으로 볼 수가 있다. 특히 자연이나 일반 사물의 관념성을 아주 쉬운 언어로 변용시켜 독자들의 공감을 불러일으키는 것은 결코 쉬운 작업일 수가 없기 때문이다. 다만 연들과 행들 사이의 좀 더 자연스러운 연결과 행 구분의 정확성은 다시 확인하는 작업이 필요할 것이다. 사족 같지만 첫 시집의 제목이 아주 재미있지 않은가? 아무튼, 봄이 오는 길목에서 화려하고 풍부하지는 않지만 나는 단아하고 정갈한 한 여인을 시인을 동시에 만났다. 잠시라도 행복했다.(*)

이희란 시집
물의 들숨

초판 1쇄 발행_ 2017년 3월 25일

지은이_ 이희란
발행인_ 윤미경
발행처_ 도서출판 다인아트
주소_ (우) 22314 인천광역시 중구 개항로 14 2층 다인아트
전화_ 032.431.0268 | 전송_032.431.0269
e-mail_dainartbook@naver.com
디자인_ 장윤미

ISBN 978-89-6750-041-2 (03810)
값 9,000원